AF258992

Handwriting Workbook Cursive Alphabet

By

Wonder Woman Publishing

This Book is Dedicated to...

My little sister Mmara Ne Kyi,

little brother Kwesi,

and niece Nubia

Aa Bb Cc Dd
Ee Ff Gg Hh
Ii Jj Kk Ll
Mm Nn Oo Pp
Qq Rr Ss Tt
Uu Vv Ww Xx
Yy Zz

a

a

a

a

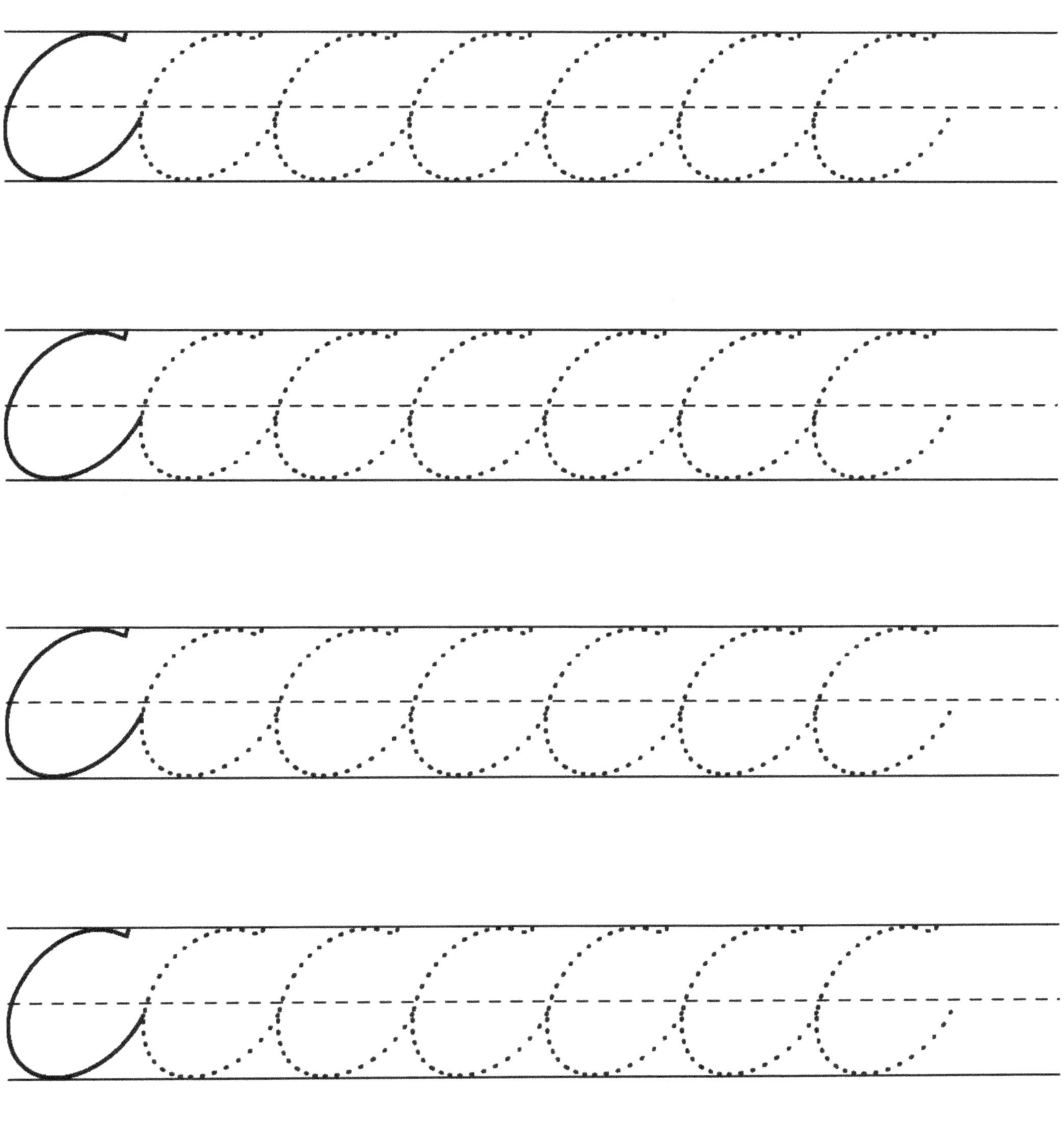

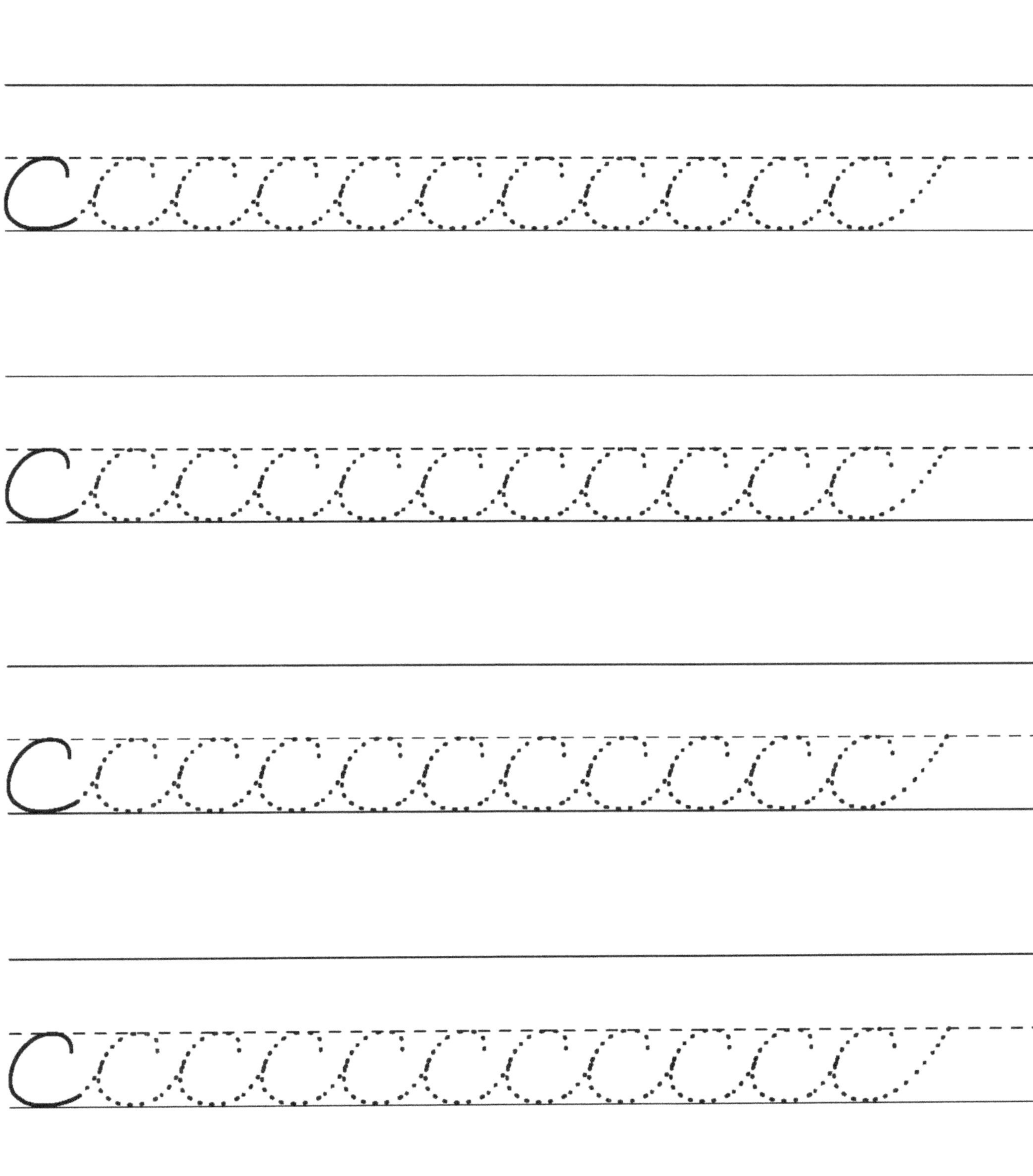

d d d d d d d d d d d d d d

d d d d d d d d d d d d d d

d d d d d d d d d d d d d d

d d d d d d d d d d d d d d

e

e

e

e

G G G G G

G G G G G

G G G G G

G G G G G

g g g g g g g g

g g g g g g g g

g g g g g g g g

g g g g g g g g

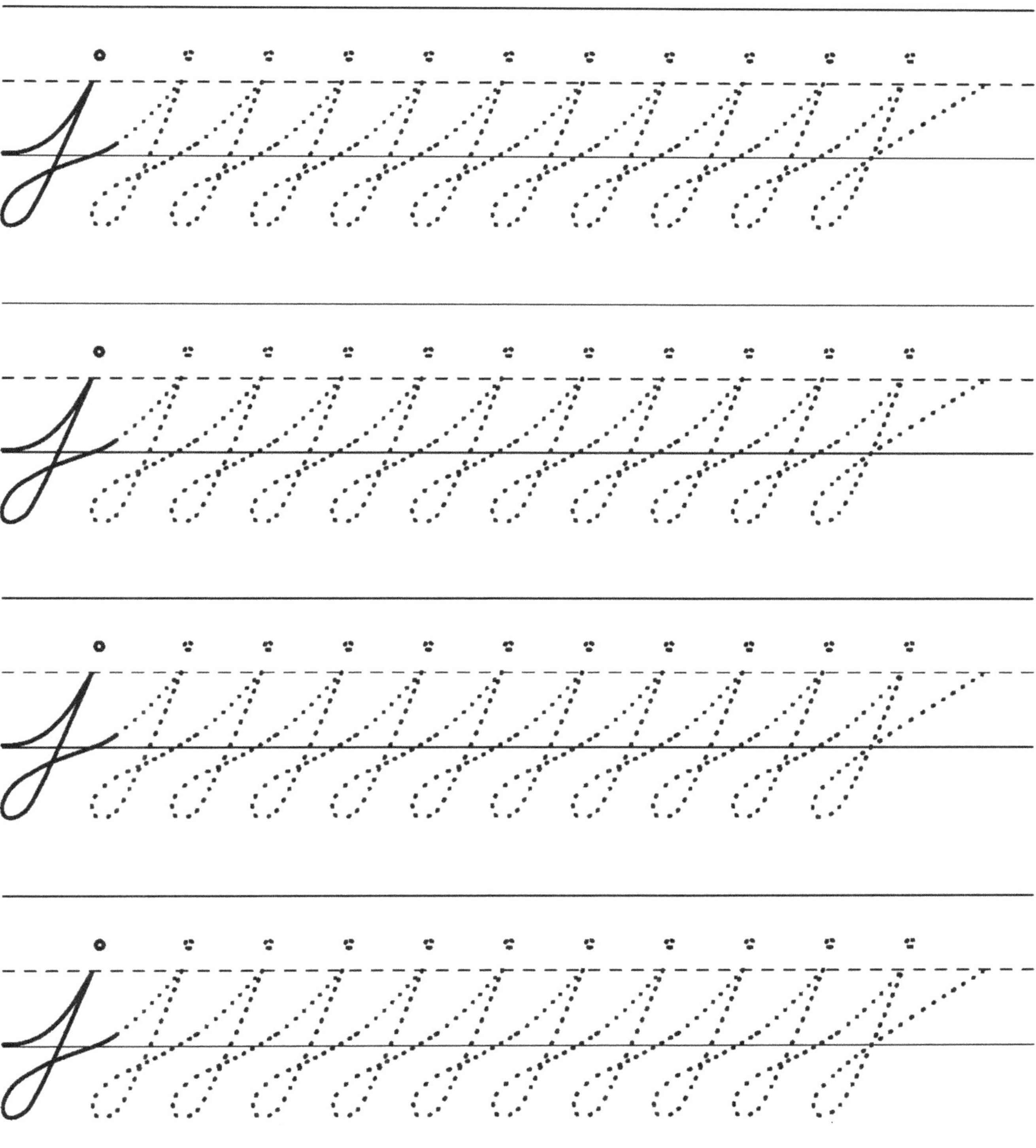

l l l l l l l l l l

l l l l l l l l l l

l l l l l l l l l l

l l l l l l l l l l

m m m m

m m m m

m m m m

m m m m

minimum

minimum

minimum

minimum

n n n n n n n n n

n n n n n n n n n

n n n n n n n n n

n n n n n n n n n

m m m m m m m m m

m m m m m m m m m

m m m m m m m m m

m m m m m m m m m

o o o o o o o o o o o

o o o o o o o o o o o

o o o o o o o o o o o

o o o o o o o o o o o

p p p p p p p

p p p p p p p

p p p p p p p

p p p p p p p

Q Q Q Q Q Q Q

Q Q Q Q Q Q Q

Q Q Q Q Q Q Q

Q Q Q Q Q Q Q

q q q q q q q q
q q q q q q q q
q q q q q q q q
q q q q q q q q

R R R R R R

R R R R R R

R R R R R R

R R R R R R

r rrrrrrrrrrrr

r rrrrrrrrrrr

r rrrrrrrrrrrr

r rrrrrrrrrrrr

t t t t t t t t t t t t t t

t t t t t t t t t t t t t t

t t t t t t t t t t t t t t

t t t t t t t t t t t t t t

W W W W

W W W W

W W W W

W W W W

x x x x x x x x x x x x x x x x

x x x x x x x x x x x x x x x x

x x x x x x x x x x x x x x x x

x x x x x x x x x x x x x x x x

Y Y Y Y Y

Y Y Y Y Y

Y Y Y Y Y

Y Y Y Y Y